Inhalt

Virales Marketing

Kernthesen

Beitrag

Fallbeispiele

Weiterführende Literatur

Impressum

Virales Marketing

E. Krug

Kernthesen

- Virales Marketing, ursprünglich ein Modewort der New Economy, hat sich in den letzten Jahren als eine ernst zu nehmende Marketingdisziplin entwickelt. (1), (2)
- Heute zeichnet sich virales Marketing als ein fester Bestandteil im Kommunikationsmix vieler Unternehmen aus, und beschränkt sich durchaus nicht mehr allein auf den Online-Bereich. (1), (3)
- Die Mundpropaganda als einziges Instrument einzusetzen ist nicht zu empfehlen, da sie nur die gewünschte Wirkung zeigt, wenn sie zur gesamten Markenstrategie passt. (3)

Beitrag

Die Begriffe in der Literatur sind zwar nicht immer dieselben, aber wie auch immer, ob virales Marketing oder Viral-Marketing oder Virus-Marketing, jeder der Begriffe ist eindeutig und lässt erkennen, dass sich dahinter etwas Ansteckendes verbirgt. An und für sich gibt es virales Marketing schon lange und war als Mundpropaganda oder Empfehlungsmarketing bekannt. Zur Zeit der New Economy wurde diese Marketingmethode im Netz immer populärer und der Begriff virales Marketing geprägt, was bedeutet, dass eine Werbebotschaft durch die Konsumenten selbst verbreitet wird. Die Information wird wie in einem Schneeballsystem weiterverbreitet. Ein solcher Virus ist dann nicht mehr zu stoppen und wird vor allem über das Internet in Windeseile weltweit gestreut. Aber nicht nur über das Internet werden Viren verbreitet. Auch MMS oder SMS, genauso wie eine ganz einfache Weiterempfehlung per Mund-zu-Mund-Propaganda, lassen die Verbraucher zu Werbeträgern werden. Das heißt, virales Marketing bildet den Oberbegriff für eine Vielzahl von Techniken und Methoden, deren Ziel es ist, die Kommunikation der Verbraucher untereinander anzuregen. [(1)](), [(4)](), [(5)](), [(6)]()

Warum hat sich virales Marketing heute etabliert?

Ursprünglich hatte in Deutschland Viral-Marketing nicht den Zuspruch gefunden, wie z.B. in Großbritannien, dem Vorreiter auf diesem Thema. Allerdings lässt sich nicht leugnen, dass sich heute, laut einer Studie von Media-Lab, 75 Prozent der deutschen Verbraucher bei der Produktauswahl von Empfehlungen von Freunden und Bekannten leiten lassen. Das bestätigt, dass Mund-zu-Mund-Propaganda sich bei der täglichen Entscheidungsfindung mittlerweile als wichtiges Marketinginstrument behauptet. Oft kommt es hier zu Überschneidungen sowohl mit seriösem Dialogmarketing, aber auch mit etwas dubiosen Guerilla-Marketing-Maßnahmen. Der Hintergrund bei Viral-, Dialog- und Guerilla-Marketing ist der gleiche, nämlich auf eine ungewöhnliche, amüsante und abwechslungsreiche Art und Weise mit dem Konsumenten in Verbindung zu kommen und ihn zur Interaktion zu provozieren. Die Verbraucher sind zurzeit übersättigt und werbemüde. Klassische Methoden erreichen potenzielle Kunden häufig gar nicht mehr. Oftmals müssen neue Produkte oder deren Präsentation so besonders sein, dass die Konsumenten selbst dafür Werbung machen. Ein neues Produkt wird dadurch nicht nur bekannt gemacht, virales Marketing kann sogar dazu führen, dass das Image und die Glaubwürdigkeit einer Marke sich verbessert, weil der Werbeträger meist aus demselben oder sehr ähnlichen sozialen Umfeld kommt, wie der Empfänger der Werbebotschaft. (1), (2), (3), (4), (7).

Nicht zuletzt zeichnet sich Virus-Marketing dadurch aus, relativ kostengünstig zu sein. Ein guter Grund mehr, in Zeiten ständiger Budgetkürzungen, sich dieser Methode zu bedienen. (1)

Worauf sollte bei Virus-Marketing geachtet werden?

Viral-Marketing scheint also ideal dafür zu sein, das Markenziel zu erreichen. Dennoch ist natürlich auch hier Vorsicht geboten. Hat man durch Mundwerbung erst einmal angefangen, den Virus zu verbreiten, ist dieser nicht mehr zu stoppen. Eine Einflussnahme auf den weiteren Verlauf ist also nicht möglich. Das macht diese Art von Marketing zu einem nicht steuerbaren und unkontrollierbaren Vorgang, dessen Verlauf und Erfolg sich kaum planen lässt. So kann es durchaus passieren, dass sich eine Kampagne verselbständigt und sich plötzlich gegen die Marke wendet. Eine Erfolgsmessung ist fast unmöglich, vor allem, wenn der Virus nicht online, sondern offline verbreitet wird. Teilweise entwickelt sich sogar, allein dadurch, dass ein Werbespot Kultstatus erlangt, virales Marketing von selbst, ohne, dass eine derartige Kampagne geplant war. (1), (3), (6) Wichtig ist, darauf zu achten, die richtigen Virenträger auszuwählen. So definiert man beispielsweise in der Branche zwei Gruppen, die trendaffinen Verbraucher mit einem großen Bekanntenkreis und die Informationshalter, die sich durch Glaubwürdigkeit auszeichnen, um Botschaften schnell und zuverlässig zu verbreiten. Des Weiteren darf virales Marketing nicht als alleinige Marketingmaßnahme eingesetzt werden, es muss sich vielmehr in eine gut strukturierte Gesamtstrategie einbinden lassen. Dennoch verlangt virales Marketing dem Entscheider ein gewisses Maß an Mut zum Risiko ab, da er den Verlauf der Kampagne kaum noch kontrollieren kann und die Mittel zum Zweck des Öfteren auch mal die Grenzen der Seriosität überschreiten. (1), (3), (6)

Warum ist das Internet für virales Marketing das ideale Medium?

Vor allem im Internet schlagen die Werbetreibenden mit ihrer Botschaft schon mal über die Stränge (vgl. Cases), was sich aber äußerst wirkungsvoll erweisen

kann. Es gibt allerdings bisher kein anderes Medium, das dieselben Vorraussetzungen für virales Marketing mit sich bringt, wie das Internet. Nicht zuletzt wurde der Begriff während der Hochzeiten der New Economy geprägt. Die häufigste Verbreitungsmethode ist hier das E-Mail.
Das Internet als Medium für virales Marketing ist nicht nur deshalb von Vorteil, weil die Reichweite immens ist, sondern auch, weil hier wesentlich gezielter eine produkt- oder leistungsbezogenen Kundenkommunikation stattfinden kann. Unterschiedliche Beispiele von Virus-Marketing-Strategien zeigen, dass es ein bestimmtes Zusammenwirken von Faktoren gibt, das den Erfolg deutlich beeinflussen kann. Problematisch ist natürlich, dass sich negative Mundwerbung ebenso schnell verbreitet. Andererseits kann man bei Internet-Spots auch mal etwas wagen und diese provokanter gestalten, als es in einem anderen Medium möglich wäre. (3), (6)

Offene Punkte

- Auf was ist der Mangel an Fachliteratur im Bereich virales Marketing zurückzuführen?
- Warum gibt es im Bereich Viral-Marketing kaum

Forschungen und Untersuchungen?

Fallbeispiele

Beispiele für virales Marketing in Deutschland

RavensburgerSpiel: Engel & Bengel
Das Team von kr3m.-Media aus Karlsruhe erstellte mit Grafiken, Animationen und Sounds das Spiel in einer Online-Version in Form eines E-Card-Spiels. Das Konzept: basierend auf den Spielregeln des Originals und dem Prinzip einer Web-Spielrunde: Spielzug um Spielzug versenden die Mitspieler via E-Card
Mit diesem E-Card-Game setzt Ravensburger zum ersten Mal konsequent auf Virus-Marketing (8)

Travellchannel.de
Das Online-Reisebüro setzt im Rahmen einer medienkonvergenten Sommerkampagne unter anderem auch auf Viral-Marketing.
Leadagentur: ad publica (9)

Viral-Marketing in Großbritannien

Hitliste der 10 beliebtesten Viral-Marketing-Kampagnen 2003 aus dem Branchenmagazin Campaign (zwei Beispiele):Der Ford-Ka-Spot, in dem eine Taube zum Opfer eines bösartigen Autos wird, hat zwar die Tierschützer erzürnt, fand aber so große Aufmerksamkeit, dass er zur besten Kampagne gekürt wurde. Agentur: Ogilvy & Mather, London
Die Tabakfirma Gallaher Hamlet Cigars wirbt humorvoll, wie immer, für die Freuden des Rauchens. Agentur: The Viral Factory, London (3)

Weiterführende Literatur

(1) Noch nicht angesteckt
aus werben & verkaufen Nr. 23 vom 04.06.2004 Seite 042

(2) NACHRICHTEN
aus HORIZONT 21 vom 20.05.2004 Seite 012

(3) Von guter Werbung infiziert
aus HORIZONT 06 vom 05.02.2004 Seite 027

(4) Die neuesten, besten (Halb-) Wahrheiten (2) Marketing
aus WirtschaftsBlatt, 25.05.2004, Nr. 2123, S. 221,22,24

(5) Aus Liebe zum Kunden - 16 Marketing-Trends zeigen den Weg zu mehr Emotionalität und Rentabilität
aus Direkt Marketing, Heft 2/2004, S. 26-29

(6) Grunder, Rebecca, Viral Marketing, Wirtschaftswissenschaftliches Studium, Heft 9, 2003, S. 539-541
aus Direkt Marketing, Heft 2/2004, S. 26-29

(7) Veränderungen gestalten
aus HORIZONT 19 vom 06.05.2004 Seite 046

(8) NACHRICHTEN
aus HORIZONT 22 vom 27.05.2004 Seite 019

(9) O.V., AD PUBLICA gewinnt Online-Reisebüro, medien aktuell, 07.06.2004, S. 11
aus HORIZONT 22 vom 27.05.2004 Seite 019

Impressum

Virales Marketing

Bibliografische Information der deutschen Nationalbibliothek

Die Deutsche Nationalbibliothek verzeichnet diese Publikation in der deutschen Nationalbibliografie; detaillierte bibliografische Daten sind im Internet über http://dnb.d-nb.de abrufbar.

ISBN: 978-3-7379-0704-0

© 2015 GBI-Genios Deutsche Wirtschaftsdatenbank GmbH, Freischützstraße 96, 81927 München, www.genios.de

Alle Rechte vorbehalten. Dieses Werk ist einschließlich aller seiner Teile – z.B. Texte, Tabellen und Grafiken - urheberrechtlich geschützt. Jede Verwertung außerhalb der Grenzen des Urheberrechtsgesetzes bedarf der vorherigen Zustimmung des Verlags. Dies gilt insbesondere auch für auszugsweise Nachdrucke, fotomechanische Vervielfältigungen (Fotokopie/Mikroskopie), Übersetzungen, Auswertungen durch Datenbanken oder ähnliche Einrichtungen und die Einspeicherung und Verarbeitung in elektronischen Systemen.